Las ganas de comer Oreo

Las ganas de comer Oreo

David Refoyo

La Bella Varsovia

ANAGRAMA

Primera edición: marzo 2026

© De los poemas, David Refoyo
© De la ilustración de cubierta, Inge Nouws
© De esta edición, La Bella Varsovia
Editorial Anagrama, S. A. U.
Pau Claris, 172
08037 – Barcelona
http://www.labellavarsovia.com

Corrección:
Júlia Sala Reyes

Diseño de cubierta y maquetación:
Sergi Gòdia

Impresión y encuadernación:
Liberdúplex

ISBN: 978-84-339-4918-9
Depósito legal: B. 682-2026

Printed in Spain

Las ganas de comer Oreo

La infancia es más larga que la vida.

ANA MARÍA MATUTE

Y has dicho el mal para volverlo almendra.

JUAN MANUEL RODRÍGUEZ TOBAL

*Aquí también los días eran muy largos
mientras los años cortos.*

LOUISE GLÜCK

Huye de quien te diga resiliencia.

Ya los indios hablaban a través del humo:
primero los exterminaron,
luego les robaron el lenguaje.

Así sucede siempre en la conquista,
así sucede también en el amor.

Así en estos versos de hombre blanco.

LA VIDA CORTA

Tanto azúcar no te hará más dulce.

ATHENA FARROKHZAD

PRIMERO
fuiste una noticia acalorada
que desarboló el verano;
una imagen borrosa.
Un bultito en el vientre:

las ganas de comer Oreo.

Un cuerpo sin cuerpo en busca de
acomodo hacia la puerta de salida.

Un peso que crecía como un remordimiento.

Luego te pusimos nombre:
te engendramos.

HE ARAÑADO esos poemas de Carson
y la página se ha roto por la mitad.

Igual que el bisturí adentrándose en tu vientre:
un presagio transformado en suceso.

Solo el fuego termina con el fuego.
Solo otro amor con el Amor.

HABÍA LLOVIDO
y aunque la feria presumía
de algodón de azúcar
y neones prodigiosos,
el espectáculo, el descampado
donde atracaban los feriantes,
era de barro y merma.

Algo así debe ser la crianza,
pensé.

con Maribel Andrés Llamero

UNA RAÍZ comunica mudanza
y metáfora cosidas con hilo:
Ariadna, dime si el rojo es tan rojo.

Si cabe la cuna entonces es casa.

Si lo hace este poema y el resto de
cuentos que aprendimos alguna vez

es casa.

La pantalla incandescente en la noche.
Arde el sueño sobre las manos cóncavas
como de cera blanca deshaciéndose.

El viento trae aroma de tomillo.

Parece un buen lugar para quedarse.

MIRO CÓMO CRECE la hierba nueva
que plantamos hace un par de semanas.

Soy paciente mientras llega lo humilde,
un brote que atestigüe la semilla,
el banquete del mirlo. La tormenta.

Todo parece detenerse aquí.
Este punto que no viene en el mapa
donde tú duermes y yo paladeo

el verbo dormir en suave vigilia
sin darme cuenta de que el mundo gira.

La tierra sigue pareciendo tierra
bajo la promesa de un verdor próximo.

El césped no asoma y qué importa
si ya dices frases de tres palabras.

ANTES, MUCHO ANTES,
escuchaba la puerta del garaje
qué digo puerta,
antes escuchaba el ruido del motor
que se acercaba y en el vibrar
qué digo vibrar, en el rechinar
leve como una paloma que bebe de un charco

ahí, en ese sonido, estabas tú.

Podía reconocerte a una legua
porque en mis poemas siempre dije kilómetros
pero los cuentos solo saben de leguas
y a veces, qué digo a veces:
una vez, hablaron de fanegas
de fanega que viene del árabe
faníqa, ya ves, *faníqa* como tu nombre
que viene de allí, de un padre de cal blanca
y sol dentro, que se enfría en la meseta
y, sin embargo, permanece.

Faníqa, sí, del sur de donde vinieron
el hambre y la inquietud, como esas
migas de magdalena esparcidas por el coche,
dulces y negras como el secreto pequeño que
esconde nuestro hijo pequeño.

Qué digo magdalena, digo cupcake

22

y guardo tres likes en el saquito de nada
que llevo en el bolsillo donde guardo también
unas manos temblorosas y ansia
y un amor, este,
que parece estropeado o sin pilas, ya sabes,
la niebla y los paneles solares.

La niña que dice poesía y no poema
porque la poesía es también ese primer cuaderno
y el vuelo de un saltito desde el coche,
la zarza que ahora asoma entristecida
y digo zarza porque decir amor sería decir
                                        poema,
el canto de una niña que nos persigue mientras
recita el abecedario y persigue también la erre
antes de que se escape la ese
y de los dientes de leche y la infancia blanca.

Antes, mucho antes,
la casa callada y mi oído como
de mastín que falsamente duerme a la sombra
de una higuera esbelta.

Pero ahora no, esta paz fingida no.

Oigo un avión desde afuera y no eres tú,
qué digo tú, digo niños o zarza:
una rama llena de pinchos y los dedos aún sin
                                        sangre.

El fruto, sí, el fruto:
a salvo de la etimología.
¿Y el ruido?

EL VERANO pareció asomarse
y destapamos la piscina familiar.

Podíamos oír las risas,
el poso de aquellos días iguales
sin horizonte como una infancia
abrasada por agosto.

Quizá exista la palabra justa
que explique este preludio,
el cloro filtrándose por el *skymer*
o las toallas colocadas sobre el césped.

El agua como símbolo
en cualquier tradición.

Ya de noche vi cómo caías,
si tú aún no sabes nadar. Por la noche,
digo, sentí el peso del descuido,
las culpas del alcohol y tu cuerpo flotando,
tal vez solo húmedo, esponjoso.
No recuerdo si morías, si llegabas a morir
o si lograba salvarte.

Sé que yo he muerto un poco desde entonces.

El verano ya nunca más tendrá el color de los
                                    veranos.

CARGAS UNA mochila de palabras
turbias en desorden permanente:

hambre que avanza hacia el mediodía.

Vivir, desde el principio, es separarse.

PEDRO SALINAS

ESTOS VERSOS SON BOTELLAS al océano.
No un mar calmo como en las postales,
una masa líquida que ha de separarnos
un día.

El plato de sopa, de taba y semilla,
donde veo al niño que fui.

La tele por fin en color
bajo el signo del partido.

Remuevo la cuchara y veo tu reflejo,
la forma en la que colocas la lengua
como el saltador de altura
mientras calienta.

Y saltas.
Primer intento válido y sonrío
al escuchar la erre
con el contorno bien delimitado.

Te haces grande y tengo miedo.

Hablarás de tus enormes proezas.
Tus ojos brillantes vadeando la mentira.
Hipérboles de un triple legendario,
de un descenso peligroso en bicicleta:
triunfos que solo tú llegaste a ver.

Yo no diré nada, quizá sonría
cómplice, oscilante: un truco de magia.

Sentirte,
sentirnos, superiores solo hoy,
en el lado vencedor de los recreos.

Una frase es el laberinto perfecto.
No va a ninguna parte.

MARIO MONTALBETTI

TU BOCA sobrevuela las oraciones
en círculos concéntricos.
Repites la primera sílaba, la que sirve de palanca,
hasta que el resto se precipitan sobre la alfombra
como un riachuelo por la cuesta después de la
lluvia.

Así mana un idioma que florece
y ya no puede sujetarse.

Soy Tiresias, me digo, un hombre nuevo.
No puedo soportar tanta belleza.
¿Serán ahora útiles mis oídos?

¿Entenderé, por fin, el lenguaje de los pájaros?

U<small>N DÍA BALBUCEASTE.</small>
Dijiste sin decir nada:
una piedra sobre el lago.

RECORDÉ a mi madre
frente al cuadro plano,
los polígonos trazados con tintas
primarias.

Y supe entonces que era vieja
por su necesidad de entender
lo que no puede explicarse.

Un hoyo bajo sus pies flotantes.
La viva imagen de occidente.

Pensé en los rectángulos y el amarillo.
Vi a esa madre confusa
y me senté en un banco para escucharte,
para sentirte.

No importaba qué decías solo que decías.

Y el sabor, ¿nace en su origen o se crea a su llegada?

LAURA RAMOS

A LOS DOCE años el mar
y los huesos para siempre húmedos.

El primer viaje en avión: el pánico.
Los prados pequeñitos desde arriba.
El fonema subrayado.

A todo lo que soy llegué tarde.

Construyes el hiato
y la mano sondea el horizonte
con su tacto abierto.

El seis no encaja dentro de tu escala
quizá por ser un número diabólico.
Te sobra porque empieza con la ese,
primera de sus letras repetidas.

Comparte con el siete los comienzos.

Vivimos alejados de los seises
y, aunque uno se acostumbra a casi todo,
peligran las ventajas del teléfono.
Las edades de todas tus abuelas.

La suma en la que fuiste concebida.

El número por mera erudición
si no importa la sombra de las cifras.

Las eses y la forma en la que sale
el viento refrescante de tu boca.
Las eses que distinguen lo que somos,
las letras que se empeñan en saber
y abarcan para siempre la palabra.

Así devienen todos los plurales,
andamio de un nosotras floreciente.

No puedes bañarte dos veces
en el mismo fonema.

Antes, cuando terminaba de escribir un libro, cambiaba de cuaderno. No me importaban las páginas sin usar. El blanco es blanco aunque se guarde en lo oscuro. Escondía el cuaderno viejo en el cajón y abría otro. Sin fecha. Quizá un verso suelto. Una cita trascendente. Una nueva piedra que subir a lo alto de la montaña. Ahora difiere. Ahora miro cómo crecen las almendras y noto mi boca seca. Ahora necesitaría todas aquellas páginas vacías para terminar este libro. Este libro inacabable. Enséñame, Sísifo, el don de la paciencia.

LOS DÍAS LARGOS

No se había inventado el dolor aún.

ANA BLANDIANA

LA PEDIATRA PREGUNTÓ si pronunciabas
doce palabras, doce al menos,
pero corrías y eras capaz de recordar
los acontecimientos de meses antes:
decías *mamá*. Decías *pocuco*. Decías.

El contexto ayudaba a traducir
ese idioma tuyo que desaparecerá
como todos los idiomas minúsculos
que alguna vez conocimos.

Doctora, en doce palabras no cabe un poema:
no habita una lengua.

No es que madre estuviera en casa
cuidándonos, es que un solo sueldo
—sí, el de padre, pero no hablo de eso
ahora—
bastaba para vestir, para comer
paella el domingo junto al embalse.

No puedo protegerte todo el tiempo.

Tú, que desconoces al dios piadoso
y el por qué del santoral,
cargas tu mochila camino
de la guardería, pero hace frío o llueve.

No es que madre fuese mejor madre,
es que las madres, ese ejército titánico
de entonces,
no pretendían la ubicuidad.

Un grito. Una zapatilla voladora.
El olor azul del guiso porque siempre la olla
y su silbido de *aguafuego*.
Un amor tendido
al aire libre.

ME PREGUNTO CUÁL será el tamaño
exacto de los sueños.
Desconoces el lobo y las brujas.
Caravaggio piensa en el castigo divino,
en la longitud de la violencia humana
y el caballo blanco de Santiago
pasándote por encima
a ti y a ese plato de merluza insulsa
que no quisiste terminar anoche.

Un álbum de fotos recién comprado.

Un sobresalto te despierta
y ya no podemos dormirnos.

El padre quiere creer
que es el amor
el que alimenta el aguante,
el que empuja a seguir
despierto
otra noche más.

El padre quiere creer
hasta el día que descubre,
pasados ya seis meses,
que el impulso de su odisea
no es el amor
sino el odio.

El padre decide entregarse
a la inercia.

Las palabras mayúsculas
en una esquina de la memoria.

No sé si Dios nos encomendó un propósito. Nos dijo: *eh vosotros mantened la casa a salvo. Evitad que la hiedra penetre en los cimientos. Evitad que corrompa el césped desde la raíz. Tenéis tijeras de poda y productos químicos suficientes. Hacedlo.* Y lo hicimos. No puedes desertar de la tarea o todo se vendrá abajo. No puedes mirar hacia otro lado como cegados por el sol y tomar conciencia cuando sea tarde porque pronto o tarde en el cuidado de la hiedra es una medida aleatoria. Es una medida sin medida. Si no sigues el dictado, si no pones remedio, nada podrás hacer. Igual no fue Dios y fue la Madre. Igual la climatología. Igual algo que no sabemos definir. Tener claro el propósito y no desertar.

TARAREO marchas fúnebres
mientras te duermes en mis brazos.

Primero el pie izquierdo —*chan*—, luego el otro
—*chan-chan*—.

Primero un párpado —*chan*—, luego.

Estás dormida y a la vez despierta.

Entre este cuerpo que te sujeta
y la cuna existe un vacío:

el día y la noche
un tránsito de incertidumbre
como el paso fronterizo
en una zona de guerra.

Es ahí, justo ahí,
en ese metro y medio escaso,
donde hierven ahora todos los poemas.

Tocabas la pantalla con tu dedo índice aún por estrenar y el patito amarillo saltaba sobre el balde amarillo; el patito azul sobre el balde rojo *mec* error. *Mec.* Inténtalo de nuevo. *Mec.* Deja lo que estés haciendo y hazme caso. Tu cerveza, la comida de mañana. *Mec.* Has olvidado el propósito por un rato de tranquilidad fingida. Mirar para otro lado no evitará la tormenta. La plaga de langostas. Si desertas, si abandonas el propósito, cómo evitarás que la hiedra convierta las paredes en arenisca. Tus hijos serán también polvo y estampida. Tienes un propósito. Una condena. Tu tiempo es ya tarde desde hoy.

EL BESO no se cambia por chuches:
un chantaje normativo, una simple transacción
que devalúa tu manera, tu ternura.

No puedes darte cuenta ahora.

Te digo que no, que el beso se regala.
Que el amor no funciona así,
como moneda de cambio.

Que a veces no es correspondido
lo aprenderás más tarde.

Todavía tenemos dinero para el quiosco.
Todavía podemos conservar la dignidad.

Unos labios luminosos como llaves.

Oí UNA VOZ que te decía *valiente*
que aplaudía la potencia muscular de tu

                                  cartografía
¿Cuándo una voz llega a transformarse en coro?

¿Cuándo?

Las otras lenguas dijeron *guapa,*
princesa

pero no me gustan las figuras de porcelana.
Recogen polvo y señalan las tareas
pendientes

y se acumulan.

Prefiero al Greco:
el canto del mirlo que seduce a las lombrices.

Cuando ladro no temo al alfabeto.

María Ángeles Pérez López

El vino derramado y las persianas torcidas
como estos renglones que ahora escribo,
un quebrar de estructuras,
los forjados, el cemento: un himno corpóreo.
Aquello que creía imperecedero,
ahora, en permanente rebeldía.

Llegaste para dinamitar los zócalos,
el sueño y los tiempos verbales,
el vago esbozo de los adjetivos.

La casa desplazada del plano,
centímetro a centímetro.
El lenguaje inclusivo,
un arroyo a finales de febrero.

Ya vivíamos en el campo
antes de que tú llegaras.
Crecieron espigas en el salón
mientras se derramaba el pecho de mamá.
Fuiste un viento furioso.
Una chispa inocente
que lo incendió todo.

¿PODRÉ TAL VEZ hablar de la infancia
sin pronunciar tu nombre?

Hay líneas en su rostro que todavía no existen.

Mary Jo Bang

Desconoces a Ulises y la mitología,
pero ya empiezas a interesarte por los mapas.

Hace una semana que me preguntas por las
                                        estrellas
camino del colegio.
Llegará octubre, amanecerá más tarde,
y veremos los puntitos brillantes desde el coche.

¿Serán tus dudas más vastas que mi miedo?

La protagonista se pregunta
a dónde van las estrellas cuando amanece
y esa búsqueda desplaza lo infantil
de los dibujos animados.

DIFERENCIAS UNA rama gruesa
de una rama débil
por la forma en que la miras
pero no puedes determinar su peso
hasta que vence el tejado
y de nuestra intemperie
su victoria.
Y cuánto pesa entonces una hija,
me pregunto, cuánto resiste
el amor antes imperecedero
de su madre y de su padre.

Si ya no soy digno de mis ojos, matadme.

ANDRÉS GARCÍA CERDÁN

TRATO DE CAZAR este poema
pero revoloteas alrededor.
Dónde está el babero, dónde qué.
Un oso de peluche a mi lado.
Le das de comer maíz
que robamos de una finca.
Preguntas por la basura, la plastilina,
tus palabras ahuyentan a las mías:
dos idiomas diferentes
[estancos].

Trato de cazar este poema.
Cierro el cuaderno con el portazo
que necesitan las cosas importantes.

Olvidaré la idea y bajaré a la alfombra,
como el jabalí a la viña,
en busca del placer sencillo.
Jugaré contigo, quizá la única poesía
que en esta vida nueva de poeta
me interese.

No DIJIMOS idioma
hasta que pudimos entenderte.

Las muecas y los gestos

—insuficientes—
arañaron las paredes de tus manos.

Pero un día, y el pero es importante,
aquello que señalaron tus ojos
salió escupido de tu boca.

Empapadas,
repetimos las sílabas despacito
para que esta jaula que es el lenguaje
no rozara tus rodillas.

Surgió el diálogo:
fundamos una ciudad nueva.

SER PADRE es como amontonar arena
en una esquina
y que de repente empiece a llover.

Yo olvidaré de lejos vuestros nombres.

TOMÁS SÁNCHEZ SANTIAGO

TAL VEZ ESTAS PIEDRAS que ahora ves
con ojos nuevos
ya nunca serán.

La boca entreabierta,
dovelas de una bóveda infalible.

Este hoy como lo conocemos
quedará para el álbum de familia,
un retazo nebuloso en tu memoria
levantado sobre la repetición:
el mito.

Si un día me leyeras, si eso sucediese,
puede que ya no recuerdes dónde
cómo.
Así comenzó también
mi amor por las palabras.

De este ahora apenas el poema.

DELIMITO EL ESPACIO
con la punta de un rotulador negro:
casa, nube, mamá
—¿acaso sinónimas?—.

Un trazo simple convertido en icono
que interpretas enseguida
eligiendo el color adecuado en el estuche.

Pintas el interior,
tu mano nerviosa y célebre
garabatea por dentro y por fuera
de la línea fronteriza

que dice bien y dice mal.
Sin salirte, repito.
Sin salirte.

Alzarse sobre el negro
y habitar los márgenes
dice mucho de nosotras.
Todavía eres libre,
pienso,
y en lo alto escruto al sol
que derretirá tus alas.

I

Dentro del corazón, las pepitas,
dije, mientras cortaba la manzana
en tres cachos idénticos.

II

Antes de comernos la manzana,
envueltas en papel húmedo,
las semillas en un vaso.

III

Brotó la ramita
con una hoja verde:
había llegado la primavera.

IV

Un agujero en el suelo
y esperar,
eso es al fin la vida.

V

Esperar a que dé sombra.
Primero protegerá a las hormigas.
Luego a vosotros.

Yo ya lo estoy.

PORQUE LA MAGIA y la mentira
no vienen del mismo sitio,
creemos.

Y bajé las escaleras y, junto al árbol,
los regalos, los restos de polvorón,
las copas manchadas de cava urgente.

Habías ido a pasar unos días a casa de la
                                        abuela,
como unas vacaciones de invierno,
a tres o cuatro calles de aquí.
Lo llamamos vacaciones porque cuarentena
suena a sanatorio, a lepra, a siglo veinte.

Habíamos esperado el día de Reyes.
Alimentamos la ilusión durante semanas
y una coartada prácticamente perfecta
—así será durante algunos años todavía—.
¡Era tan sencilla aquella fe!

Pero caí enfermo.
Mamá dijo no sé qué de Melchor
mientras colocaba los regalos.

Desperté temprano, como cada seis de enero,
y junto al árbol paquetes envueltos,
cajas embaladas, colores brillantes,
lazos imposibles desafiando la gravedad.

Y yo que tengo todas las certezas,
que guardé los secretos en el alto del armario,
digo magia porque la mentira
es otra cosa, la mentira es gris
e impide que los ojos brillen.

Como si el lodo pudiera pertenecernos
solo a los adultos.

EL MAR rompía las rocas
a nuestra espalda,
pero no podíamos abandonar
el castillo de arena.
Cavábamos.
Cavábamos y construíamos otra torre,
un grito por todo himno,
un palo como estandarte.

Podíamos haber levantado un castillo
en cualquier otra parte
sin cruzar medio país
para escuchar el mar de cerca.

A la vista toda masa de agua es la misma.
Al oído no sabes discernir el mar
del río o de las lágrimas.

LA HIJA, EL LIBRO, el árbol.
Pensar en la sequía
y la devastación.

OCULTAS TUS OJOS
tras esas manos pequeñas
y piensas que eres invisible.

Hace años que no encendemos la tele
como si así las bombas callaran
y el Mediterráneo fuese puente,
pero es tumba.

No puedo sacarte del error.

Tras nuestras manos
no buscamos escondernos
tan solo que no nos encuentren.

Si PUDIERAN HABLAR las zapatillas
o las frutas de adorno del frutero
—con esa voz de pito altisonante—
falsete de colores amarillos
un insólito idioma por hacer.

SE TE CAYÓ una metáfora
así como sin darte cuenta.

No corrí a Twitter a compartir tu hazaña.

Pero tú y yo sabemos que el mirlo
tiene el pico naranja
como un muñeco de nieve.

Odiaba el rosa.
Quería ser uno de esos padres modernos.

Preguntarte qué querías
y que aprendieras a tomar decisiones.

Decías muñeca, peine, fregona.
Decías carrito de bebé.

Vestías de rosa porque te gustaba
el rosa. El rosa que tanto había odiado.
El color de las niñas, el de los pijos.

Y ahora yo también visto el rosa
y juego con muñecas con vida propia,
con nombres asignados de oficio.

Me pongo prendedores y diademas.
Ahora tomas las decisiones por los dos.

SIEMPRE EL AMOR se funda en el lenguaje,
código secreto que a nada atiende.

Niños lejos de servir como albaceas
transforman las palabras en silencio.

Ya no decimos lo que decíamos entonces.
Son ellos, los bárbaros, quienes derriten
el amor hasta el despojo.

Un idioma que no se habla es inútil.
Un cesto de mimbre con el fondo raído.

Para qué caminar juntos si no me das la mano.

ÍNDICE

Esta primera edición
en **La Bella Varsovia**
de **Las ganas de comer Oreo**,
de **David Refoyo**,
se terminó de imprimir
en Barcelona
el 15 de febrero del 2026.

¡Ojalá te haya interesado esta lectura!
Si ha sido así, te animamos a compartirla
en tus redes sociales.
Tenemos perfiles como @labellavarsovia
en Facebook, Instagram y X.
Y en nuestra web, labellavarsovia.com,
encontrarás información
sobre todos nuestros libros.